Айман Аль Армути
Худа Икбал
Адиль Альшезави

Характер управления качеством в БСООН / ОАЭ

Айман Аль Армути
Худа Икбал
Адиль Альшезави

Характер управления качеством в БСООН / ОАЭ

ScienciaScripts

This book is a translation from the original published under ISBN 978-3-330-34811-0.

Publisher:
Sciencia Scripts
is a trademark of
Dodo Books Indian Ocean Ltd. and OmniScriptum S.R.L publishing group

120 High Road, East Finchley, London, N2 9ED, United Kingdom
Str. Armeneasca 28/1, office 1, Chisinau MD-2012, Republic of Moldova, Europe
Printed at: see last page
ISBN: 978-620-7-39530-9

Характер управления качеством в БСООН / ОАЭ

Выполнено:
Доктор Айман Алармути
Ассистент профессора /Бизнес-администрирование
http://orcid.org/0000-0002-6892-2111
Ayman.alarmoti@khawarizmi.com
Международный колледж Аль Хаваризми
Город Аль-Айн, Объединенные Арабские Эмираты
Г-жа Худа Икбал и г-н Адил Альшезави
Датировано:
2nd jun, 2017

Оглавление

Введение

В данном проекте исследователи выбрали Union National Bank (UNB) для изучения внедрения качества в сфере услуг. Как банк внедрил концепцию всеобщего управления качеством и какие инструменты контроля качества он использовал для достижения текущего уровня качества. Проект был разделен на 3 этапа:

<u>На первом этапе необходимо было</u> продемонстрировать процесс сбора данных, что потребовало выявления проблем, требующих внимания, путем обращения в банк. Большая часть исследований о БСООН была проведена исследователями через корпоративный сайт БСООН и его годовые отчеты.

<u>На этапе 2 необходимо было</u> продемонстрировать применение и описание соответствующих инструментов QCC (7): диаграммы причин и следствий, контрольного листа, гистограммы, диаграммы рассеяния, анализа Парето, блок-схемы и диаграммы выполнения. Выводы должны были быть обоснованы после изучения логики собранных данных, а также пошагового применения инструментов QCC.

<u>На третьем этапе необходимо было</u> предложить рекомендации, объяснив логику предложения с помощью критериев премии Sheikh Khalifa Excellence.

Проект был выполнен в формате "решения проблем" для UNB,

сосредоточившись на применении инструментов TQM и QCC с этапа выявления проблемы до этапа ее решения. Наконец, проект указывает на некоторые ключевые проблемы, с которыми сталкивается банк при управлении отношениями по поставке услуг.

Цели исследования

Ниже перечислены основные цели данного исследования:

- Выявление проблем, требующих внимания со стороны обслуживающей фирмы (UNB).

- Применение соответствующих инструментов QCC для обоснования выводов, а также пошаговое применение инструментов QCC.

- Рекомендации по предложению о выдвижении БСООН на премию шейха Халифы за выдающиеся достижения.

Предпосылки исследования

Интересно отметить, что вопросы качества в бизнесе стали причиной развития новых компаний и даже отраслей, таких как American Society for Quality и Six Sigma. Сама концепция качества в бизнесе сосредоточена на увеличении доходов, которые компании могут получить, если в их продукции и услугах не будет дефектов, а качество будет оптимальным, как ожидают клиенты. Ошибки могут быть в любой форме, например, при производстве неправильного номера детали, отправке банковских выписок клиентам, которые уже закрыли свои счета, или отправке клиентам неправильных счетов. За определенный период времени, когда ошибки повторяются, затраты возрастают до значительной суммы, поэтому устранение ошибок может привести к значительному увеличению прибыли предприятия (Parker, J. R, n.d).

Бизнес, который успешно работает на конкурентном рынке в течение длительного периода времени, имеет постоянных клиентов, получающих продукцию или услуги, которые удовлетворяют или превосходят потребности клиентов. Если компания удовлетворяет или превосходит потребности клиентов, она должна предоставлять качественный продукт или услугу и делать это, используя эффективные методы ведения бизнеса (Parker, J. R, n.d).

Качество

Это степень совершенства, соответствие потребностям, соответствие целям, удовлетворение требований клиента и избежание проблем и ошибок при этом. Качество - в глазах клиента, поэтому компании должны предоставлять качественные услуги, чтобы удовлетворить потребности своих клиентов (Parker, J. R, n.d).

Цена качества

Нередко в сфере услуг, например в банках, затраты на достижение качества составляют более 30 % от общей выручки. Стоимость качества включает в себя:

1. **Затраты на профилактику** - это инвестиции, поскольку предотвращение проблем с качеством делает компанию сильнее.

2. **Расходы на проверку** - Проверка работы сотрудников входит в обязанности руководителей.

3. **Затраты на отказ** - после того как услуга будет оказана клиенту, необходимо избежать затрат. Отказ - самая дорогостоящая проблема качества. Стоимость отзыва услуги, оказанной ненадлежащим образом, чрезвычайно высока (Parker, J. R, n.d).

Только заказчик может проверить качество. Качество - это удовлетворение потребностей клиента при затратах, приемлемых как для клиента, так и для поставщика. Качество услуг, которые в конечном итоге предоставляются внешнему заказчику, зависит от того, насколько хорошо контролируются внутренние отношения между заказчиком и поставщиком (Parker, J. R, n.d).

Устав обслуживания клиентов

Важно, чтобы сотрудники взяли на себя обязательства по обслуживанию клиентов. У каждой компании должен быть устав качества:

*   Обеспечение качества обслуживания с учетом удовлетворенности клиентов;
*   Развитие общей культуры качества через лидерство;
*   Развивать подход к постоянному совершенствованию;
*   Добиться признания международных стандартов систем качества;
*   Поощрять поставщиков и сотрудников за то, что они согласны с идеей качества;
*   Обучение сотрудников с помощью техники полного качества;
*   Участвовать в инициативах по бенчмаркингу и измерению эффективности (Parker, J. R., n.d.).

Стандартизированные системы

ISO 9000 - это серия стандартов на системы менеджмента

качества (СМК), разработанная Международной организацией по стандартизации, объединяющей 132 национальные группы по стандартизации. Стандарты СМК ISO 9000 не относятся к конкретным продуктам/услугам, а применяются к процедурам, которые их создают. Эти стандарты могут использоваться в производственных и сервисных отраслях в любой точке мира. Компания, желающая получить сертификат ISO, должна соответствовать всем критериям, указанным в стандартах ISO, и пройти детальный аудит, проводимый аудитором ISO. Достичь желаемого уровня качества в компании можно с помощью хорошо спланированной системы качества и без прохождения всех дополнительных этапов сертификации ISO. QS-9000, выпущенный в 1994 году, является производным ISO 9000 для поставщиков автомобильной промышленности. Этот стандарт системы менеджмента качества содержит все положения ISO 9001:1994, а также специфические требования автомобильной отрасли и других производителей оригинального оборудования (Parker, J. R, n.d).

Обеспечение качества

Клиент должен быть уверен в качестве предоставляемых услуг. Стандарт ISO серии 9000 предоставляет поставщикам процедуры, позволяющие усовершенствовать подходящую систему управления качеством, которая может обеспечить гарантии качества продукции/услуг для клиента. Версия ISO 9001:2000 фокусируется на основных вопросах управления. Это очень позитивно, так как слабые места банков стали проявляться по мнению руководства. Компании сосредоточились на бизнес-планировании, коммуникациях и имидже, который они представляют в обществе. В версии 2000 года ISO9001 руководство должно:

- Делитесь подробностями со своими клиентами.

- Контролируйте персонал и активы для соблюдения сроков.

- Убедитесь, что сотрудники понимают свои обязанности.

- Планирование операций для подтверждения выполнения требований клиентов.

- Обучите персонал.

- Предоставьте оборудование в рабочем состоянии.

- Убедитесь, что поставщики работают по единым стандартам.

- Проанализируйте процедуры, чтобы убедиться в их соответствии требованиям персонала.

Стандарт ISO9001:2000 представляет собой идеальную основу для осмысления, применения и наблюдения за вопросами управления в бизнесе. Он полезен при подготовке хартии для необоснованной оценки процессов компании

(Parker, J. R, n.d).

Внедрение качественного обслуживания клиентов

Реализация инициативы по качественному обслуживанию клиентов включает в себя три этапа:

1. Создайте условия для обеспечения качества
2. Улучшение качества
3. Постоянное совершенствование бизнеса (Parker, J. R, n.d).

Система менеджмента качества (СМК)

Это метод, позволяющий донести до сотрудников информацию о том, что требуется для обеспечения качества продукции и услуг, и повлиять на действия сотрудников по выполнению задач в соответствии со спецификациями качества (Abahe, n.d.). Сильная система менеджмента качества формирует видение для сотрудников; устанавливает стандарты для команд; мотивирует сотрудников; устанавливает цели для сотрудников; борется с сопротивлением изменениям в компании и направляет корпоративную культуру (Abahe, n.d.).

История движения за качество

В 1950-х годах У. Эдвардс Деминг положил начало статистическому контролю процессов (SPC) и подходам к решению проблем. Он предположил, что 85 % всех проблем с качеством возникают по вине руководства. Чтобы улучшить ситуацию, руководство должно взять на себя инициативу и предоставить ресурсы и системы. Покупатели должны понимать качество всех продуктов и услуг, свои требования и доводить их до сведения поставщиков.

В хорошо контролируемой системе качества покупателям также должно быть разрешено тесно сотрудничать с поставщиками, чтобы соответствовать или превышать необходимые требования к качеству. По мнению Деминга, совершенствование процессов СМК должно быть направлено на устранение: систематических причин ошибок (плохой дизайн продукта/услуги, неподходящий материал, неправильные счета и плохие физические условия) и специальных причин ошибок (отдельные сотрудники или оборудование, отсутствие обучения, плохой материал или сломанное оборудование). Другой значительной личностью в развитии контроля качества был Джозеф М. Джуран, который определил качество как пригодность к использованию, качество дизайна, качество соответствия, доступность, безопасность и поле. Он разработал метод восприятия качества на протяжении всего жизненного цикла продукта/услуги, от проектирования до работы с клиентами (Abahe, n.d.).

Всеобщее управление качеством (TQM)

Это метод управления, при котором качеству уделяется внимание в каждом аспекте бизнеса. Его цели направлены на долгосрочный прогресс. Она разбивает каждый процесс и акцентирует внимание на каждом поставщике или нарушителе качества. Роль руководства в TQM заключается в формировании гибкого подхода к качеству, который должен быть скорректирован каждым отделом в соответствии с целями бизнеса и потребностями клиентов и заинтересованных сторон. После определения стратегии она служит мотивирующей силой для реализации на всех уровнях бизнеса. Она предполагает расширение прав и возможностей сотрудников путем создания департаментских и межфункциональных команд, которые будут разрабатывать подходы к решению проблем качества и предлагать рекомендации по улучшению (Abahe, n.d.).

Шесть сигм

Эта методика была внедрена в компании Motorola в 1980-х годах для измерения и повышения эффективности процессов крупносерийного производства. Она была разработана для статистического измерения не более 3,4 дефектов на миллион. Такие компании, как Ford и Chrysler, заявили, что "шесть сигм" помогли им сэкономить миллиарды долларов. Она улучшает процессы с помощью таких инструментов, как статистический контроль процессов (SPC), всеобщее управление качеством (TQM) и проектирование экспериментов (DOE). Она может быть частью разработки новой продукции, планирования потребности в материалах (MRP) и управления запасами "точно в срок" (JIT). Изначально она рассматривалась как система, применимая только к производственным предприятиям, но недавно ее стали применять к непроизводственным процессам, таким как кредиторская задолженность, выставление счетов, маркетинг, информационные системы, и она доказала свою успешность. Ее этапы заключаются в следующем:

- Разбейте технологический процесс на отдельные этапы.
- Определите дефекты.
- Измерьте количество дефектов.
- Проверьте первопричину.
- Внесите изменения, чтобы улучшить ситуацию.
- Повторно измерьте улучшение.
- Долгосрочный взгляд на цели (Abahe, n.d.).

Роль клиентов в определении качества

Включение клиентов в программу качества может происходить по разным направлениям, включая стоимость потери клиента, восприятие качества клиентом и уровень удовлетворенности клиентов. В сфере услуг, например в банках, качество измеряется с точки зрения коэффициента удержания клиентов и стоимости потери клиента. Если бы типичный метод учета позволял определить абсолютную стоимость потери клиента, менеджерам было бы легко распределять абсолютное количество ресурсов, необходимых для удержания клиентов. Клиенты со временем приносят тем больше прибыли, чем дольше они остаются с одной и той же компанией. Очевидное качество клиентов приводит к привлечению новых клиентов; в сфере услуг привлечение новых клиентов составляет более 60 процентов нового бизнеса. Если компания сможет увеличить количество обращений за счет повышения качества, ее доходы значительно возрастут (Abahe, n.d.).

Роль анализа данных и статистики в определении качества

Статистический анализ является основой процесса улучшения качества. Статистический контроль процессов (SPC) - это лицо, принимающее решения в системах качества. Он измеряет систему качества и позволяет управлять ею. Статистический анализ дает измерения, необходимые для принятия управленческих решений. SPC был разработан Уолтером Шевартом в 1930-х годах. Деминг взял концепцию

Шеварта и применил ее к СМК, считая, что SPC необходим, поскольку вариации являются частью любого процесса, так как очень маловероятно, что два продукта/услуги, произведенные по одной и той же процедуре и одним и тем же оператором, будут идентичны (Abahe, n.d.).

Роль контрольных карт в определении качества

Контрольные карты эффективно передают информацию. Они включают в себя процесс, в котором все результаты должны находиться в заданных пределах. Верхний контрольный предел (UCL) и нижний контрольный предел (LCL), а также все точки, лежащие между этими двумя пределами. Если это так, то это означает, что процесс управляется и работает правильно.

Роль аудита в определении качества

Аудит позволяет каждому участнику увидеть, правильно ли работает система и достигаются ли поставленные цели и задачи. Он мотивирует сотрудников и позволяет получать вознаграждения и признание. Аудит СМК в каждой компании проводится по-разному. В сфере услуг система аудита отличается от производственной, но конечный результат работы этих систем одинаков. Вот примеры систем аудита, используемых в компаниях сферы услуг, таких как банки (Abahe, n.d.).

Тайные покупатели направляются в компании, чтобы пообщаться с сотрудниками, оценить качество обслуживания и предоставить отчет руководству. Эти отчеты готовятся для сотрудников (Abahe, n.d.).

Опросы клиентов используются для того, чтобы выяснить, как воспринимают бизнес потребители. Получение прямых ответов от клиентов бесценно и должно проводиться в каждом бизнесе (Abahe, n.d.).

Показатели новых клиентов очень эффективны для оценки уровня качества. Клиенты, которые очень довольны обслуживанием, будут рассказывать о нем другим. 60 процентов новых клиентов в сервисных компаниях приходят по рекомендациям (Abahe, n.d.).

Качество услуг служит основой СМК в сфере услуг для оценки и контроля уровня качества услуг. На каждую полученную честную жалобу приходится более 20 клиентов, которые считают, что у них возникли трудности, и по крайней мере 25 процентов этих трудностей могут быть рассмотрены в серьезном порядке. Более половины клиентов, подавших жалобу, придут снова, если жалоба будет рассмотрена и решена. Если жалоба будет быстро рассмотрена и клиент почувствует, что компания заботится о своих клиентах, это число подскочит до 100 процентов. Если жалоба не будет рассмотрена, средний клиент расскажет о негативном опыте более чем восьми другим людям. Если жалоба будет рассмотрена, клиент расскажет о положительном опыте как минимум пяти другим людям. В среднем привлечение нового клиента обходится в шесть раз дороже, чем удержание уже имеющегося (Abahe, n.d.).

7 инструментов контроля качества

7 основных инструментов качества сделали статистический анализ менее сложным, представив хорошие наглядные пособия, которые делают процесс статистики и контроля качества более понятным.

> **Диаграмма причинно-следственных связей -** Она организует и показывает взаимосвязь различных теорий с первопричиной проблемы. Концентрируя внимание на возможных причинах конкретного препятствия в организованной форме, диаграмма позволяет команде, занимающейся решением проблемы, прояснить свои мысли о потенциальных причинах и дает возможность команде работать более продуктивно в направлении выявления истинной первопричины (причин). Изобрел ее Каору Исикава, и она также известна как диаграмма "рыбья кость" (Stockhoff, 2010).

> **Контрольные листы**

используются для сбора и анализа данных. Они представляют собой разновидность графиков/диаграмм, отформатированных таким образом, чтобы можно было сразу же сделать выводы, связанные с данными; выявить закономерности и тенденции.

> **Диаграмма потока**

Это графическое представление последовательности шагов, необходимых для получения некоторого результата. Результатом может быть продукт, услуга, информация или их комбинация. Блок-схемы способствуют пониманию процесса, помогают в обучении, помогают выявить проблемы и улучшить перспективы.

> **Гистограмма**

это графическое обобщение вариаций в наборе данных. Они обобщают большие наборы данных в графическом виде, сравнивая измерения с техническими характеристиками, передавая информацию команде и помогая в процессе принятия решений. В этом проекте банк (UNB) использует гистограммы для принятия важных решений.

> **Анализ Парето**

это инструмент, используемый для установления приоритетов, разделяющий способствующие эффекты на "жизненно важные немногие" и "полезные многие". Диаграмма Парето включает три основных элемента: (1) вкладчики в общий эффект, ранжированные по величине вклада, (2) величина вклада каждого, выраженная численно, и (3) кумулятивный процент от общего эффекта ранжированных вкладчиков. Диаграммы Парето не так часто встречаются в программном обеспечении, как аналогичные инструменты графического анализа. Этот инструмент разбивает проблему на более мелкие фрагменты, выявляет наиболее значимые факторы, показывает команде, на чем следует сосредоточиться, и позволяет лучше использовать ограниченные ресурсы.

> **Диаграммы рассеяния**
используются для изучения и выявления взаимосвязи между изменениями, наблюдаемыми в двух различных наборах переменных, с помощью метода регрессии.

> **Статистическое управление процессами**
Операционные процессы должны выполняться в установленных границах, чтобы соответствовать этапам планирования и оптимизации СМК. Она применяет статистику для оценки диспропорций в рамках процесса (событий, которые преобразуют входы в конечные выходы). Он может выявить особые причины диспропорций в обрабатываемых границах, а также в готовой продукции. Он помогает в определении умеренных диспропорций, противопоставляя

данные о выполнении процесса рассчитанным границам в виде линий на графике. Несоответствия могут быть: Общие неравенства - присущие методу, и Особые неравенства - причины экстремальных неравенств (Stockhoff, 2010).

Премия шейха Халифы за выдающиеся достижения (SKEA)

Видение SKEA заключается в расширении возможностей людей и организаций в Абу-Даби и ОАЭ для повышения их производительности, конкурентоспособности и достижения мирового класса для бизнес-сообщества в целом. Миссия организации заключается в коллективной работе по оказанию необходимой поддержки бизнес-сообществу Абу-Даби и ОАЭ в его стремлении к достижению совершенства в бизнесе путем более широкого распространения, диспропорций и получения инновационных передовых мировых практик в подходах и представлении совершенства как пути к постоянному совершенствованию (SKEA, 2015).Премия Шейха Халифы за совершенство (SKEA) была учреждена Торгово-промышленной палатой Абу-Даби (ADCCI) еще в 1999 году. Это была первая платформа в Абу-Даби, соответствующая лучшим мировым практикам внедрения модели совершенства EFQM. Она является национальным дистрибьютором и представителем модели совершенства в Европе; Европейский фонд управления качеством (EFQM). Более 10 000 администраций в ОАЭ используют эту модель, и сотни людей ежегодно участвуют в циклах ее оценки, где десятки человек каждый год становятся лауреатами премии SKEA, присуждаемой им Его Королевским Высочеством Кронпринцем Абу-Даби. Это стратегический энтузиаст, предоставляющий методы развития людей в области информации, навыков, подходов и системного развития путем накопления производительности для достижения желаемых результатов (SKEA, 2015).

Премия SKEA присуждается в трех категориях:

1. SKEA - Категория алмазов

2. SKEA - Золотая категория

3. SKEA - Серебряная категория

Сертификат "Признательность" - вручается кандидатам из всех секторов, которые добились высоких результатов, согласно предложению судей. К таким секторам относятся: производство, сфера услуг, торговля, строительство, финансы, туризм, профессиональный и медицинский сектор (SKEA, 2015).

Шаги для подачи заявки на участие в программе SKEA

1. **Повышение приверженности** - высшее руководство заполняет самооценку и обращается в SKEA за

регистрационной формой, которую заполняет и подписывает генеральный директор компании. Менеджеры проходят обучение для постоянного совершенствования.

2. **Предложите провести самооценку -** это делается для руководителей высшего и среднего звена, где определяется масштаб организации и границы группы.

3. **Команды для самооценки и обучения -** затем создаются команды для самооценки и обучения.

4. **Передача информации о стратегиях самооценки -** определяется сообщение и канал передачи информации о самооценке.

5. **Провести самооценку -** решается вопрос о методике проведения самооценки.

6. **План действий -** проводится анализ самооценки, распределяются обязанности и составляется план действий.

7. **Реализация плана действий -** создание команд для контроля за ходом выполнения и выделения ресурсов. Управление исполнением (SKEA, 2015).

Модель совершенства EFQM

Модель основана на предположении, что превосходные результаты в отношении производительности, клиентов, людей и общества достигаются благодаря лидерству, определяющему стратегию, людям, партнерству и ресурсам, а также процессам, продуктам и услугам (SKEA, 2015).

Критерии

Побудители 50%	Результаты 50%
Лидерство - 10%	Результаты клиентов - 15%
Стратегия - 10%	Результаты работы с людьми - 10%
Люди - 10%	Результаты общества - 10%
Партнерство и ресурсы - 10%	< Результаты работы - 15%
Процессы, продукты и Услуги - 10%	

Европейский фонд управления качеством (EFQM) (SKEA, 2015)

Лидерство

В отличных компаниях есть лидеры, которые формируют будущее, являясь образцами для подражания в области ценностей и этики. Они позволяют бизнесу принимать решения и своевременно реагировать на них, чтобы процветать (SKEA, 2015).

Стратегия

Отличные компании реализуют свою миссию и видение, создавая подход, ориентированный на заинтересованные стороны. Политики, планы, цели и процедуры подготавливаются и выполняются для реализации стратегии (SKEA, 2015).

Партнерство и ресурсы

Отличные компании планируют и привлекают внешних партнеров, поставщиков и внутренние ресурсы для поддержки стратегии и процессов. Они управляют своим влиянием на окружающую среду и общество. Партнерами и поставщиками управляют для получения выгоды. Финансы обеспечивают непрерывность достижений. Конструкции, оборудование, ресурсы и энергия находятся под постоянным управлением. Технологии управляются для реализации плана. Решения по управлению информацией и данными делают бизнес позитивным (SKEA, 2015).

Процедуры, продукты и услуги

Отличные компании управляют и развивают процессы, продукты/услуги, чтобы повысить ценность для своих клиентов и инвесторов. Процессы измеряются для повышения ценности для инвесторов. Продукты/услуги признаются для повышения ценности для клиентов. Продукты / услуги эффективно утверждаются, рекламируются, формируются, транспортируются и измеряются. Отношения с клиентами измеряются и улучшаются (SKEA, 2015).

Люди

Отличные предприятия ценят своих сотрудников и формируют философию, направленную на равноправное достижение целей организации. При этом одобряются справедливость и честность (SKEA, 2015).

Результаты клиентов

Отстройка бизнеса от его внешних клиентов, путем установления показателей эффективности, результатов реализации стратегии на основе потребностей и ожиданий своих клиентов. Предприятия устанавливают четкие оценки ключевых результатов в соответствии с требованиями и перспективами клиентов, в соответствии с планом (SKEA, 2015).

Люди Результаты

Достижение целей бизнеса для своих сотрудников путем разработки показателей эффективности и последствий выполнения плана в соответствии с требованиями и перспективами своих сотрудников (SKEA, 2015).

Общество Результаты

Достижение бизнесом соответствия местному и глобальному обществу путем разработки КПЭ и результатов для реализации своего социального и экологического плана в соответствии с желаниями и перспективами внешних инвесторов (SKEA, 2015).

Ключевые результаты деятельности

Достижение бизнесом продуманной презентации путем

разработки КПЭ и результатов, позволяющих реализовать финансовые и нефинансовые планы в соответствии с пожеланиями и перспективами ключевых инвесторов (SKEA, 2015).

Национальный банк "Юнион" (UNB)

В ОАЭ в группу Union National Bank входят: Union Brokerage Company; Al Wifaq Finance Company и Injaz Marketing Management. Банк также работает в Египте, Катаре, Кувейте и Шанхае. Видение банка (2010 - 2018 гг.) - быть лучшим в банковской индустрии ОАЭ. Миссия банка (2013 - 2015 гг.) - рост стоимости инвестора и поддержание финансовой стабильности за счет креативности, развития персонала и совершенства в обслуживании клиентов. Основными ценностями компании являются ориентация на клиента, поощрение персонала, честность и ясность, командный дух, постоянное развитие, передовой опыт, ответственное участие в жизни общества. Банк был создан как открытое акционерное общество в Абу-Даби в соответствии с эмирским указом в 1982 году. Это единственный банк в ОАЭ, акции которого принадлежат правительствам Абу-Даби и Дубая; 60% акций принадлежат правительству (50% Инвестиционному совету Абу-Даби и 10% Инвестиционной корпорации Дубая) и 40% - населению (местным жителям и экспатриантам). В штате банка работают более 1600 человек, представляющих более 30 национальностей (Anjum, 2013).

Предоставление услуг в БСООН

UNB обслуживает своих клиентов сетью из 63 отделений и 209 банкоматов в ОАЭ. Корпоративные клиенты обслуживаются в центрах корпоративного банкинга. К услугам клиентов относятся: Интернет-банкинг Uninet; телефонный банкинг Unicall (IVR); круглосуточный колл-центр; служба SMS-уведомлений; клиентов Private Banking обслуживают менеджеры по работе с клиентами; клиентов Islamic Banking обслуживает дочерняя компания UNB Al Wifaq Finance, а отдел по работе с клиентами контролирует обратную связь с клиентами (Anjum, 2013).

Бизнес-подразделения в UNB

- Розничные банковские услуги
- Малые и средние предприятия (МСП)
- Корпоративное банковское дело
- Казначейство и инвестиции
- Отдел финансовых институтов и структурного финансирования
- Отдел частного банковского обслуживания и управления благосостоянием
- Исламский банкинг (Анжум, 2013)

Участие в премии SKEA в Университете ООН

- Обязательства высшего руководства

- Начинайте работу заблаговременно - за 7-8 месяцев до окончательного представления

- Формирование руководящего комитета и межфункциональной команды во главе с руководителями групп

- Самооценка / анализ пробелов

- Оценить отчет об отзывах

- Пробелы по быстрым победам и план действий для долгосрочных планов

- Постоянная оценка проекта представления

- Окончательное редактирование приложения и печать

- Планирование посещения объекта с накоплением фактов

- Руководящий комитет предлагает руководство и поддержку (Anjum, 2013)

Приверженность качеству

Высшее руководство БСООН выделило средства на создание специального отдела по обеспечению всеобщего качества и делового совершенства (TQ & BE), на который возложены следующие функции:

- Внедрение интегрированной системы менеджмента,

включающей в себя

Сертификаты ISO 9001 (СМК), ISO 14001 (СЭМ), OHSAS 18001 и ISO 10002 (управление жалобами), а также сертификаты ISO.

• Одобрение и участие в премии Business Excellence Awards (например, SKEA).

• Соглашения об уровне обслуживания - оценка, возможности, проверка.

• Стандарты обслуживания - развертывание и проверка на соответствие.

• Управление обратной связью с клиентами со стороны отдела по работе с клиентами.

• Одобрить вовлечение сотрудников в работу через "The CHALLENGE" - механизм предложения персонала.

• Запланированные вклады в бизнес и группы поддержки (Anjum, 2013).

Интегрированная система менеджмента (ИСМ) - компоненты в БСООН

• ISO 9001:2008 (система менеджмента качества)

• ISO 14001:2004 (система экологического менеджмента)

• OHSAS 18001:2007 (Система управления охраной труда и промышленной безопасностью)

• ISO 10002 (Жалоба клиента)

- ISO 27001 (Информационная безопасность)

- ISO 31000 (Управление рисками)

- ISO 26000 (Социальная ответственность)

- Общие принципы, признанные сопровождать СМК (ISO 9001) - как и СЭМ (ISO 14001), OHSAS 18001 на первом этапе (Anjum, 2013).

IMS - метод и доставка

- Межфункциональная команда из всех подразделений БСООН получила признание и прошла обучение по стандартам СЭМ, OHSAS и ISO.

- Обучение 40 внутренних аудиторов интегрированной системы менеджмента.

- Проведен общебанковский "Анализ пробелов".

- Реестр аспектов и опасностей (рисков), составленный для каждого филиала, головного офиса и отделения UNB.

- Руководство по ИСМ и связанные с ним действия плюс 6 обязательных процессов СМК.

- Требования законодательства и цели IMS по охране окружающей среды, здоровья и безопасности.

- Испытания переносных приборов (PAT) для всех электрических устройств.

- Оценка оборудования DSE (Display Screen Equipment) и рабочих мест.

- Экологическая безопасность и охрана труда для корпоративных клиентов.

- Мониторинг качества воздуха в помещении путем измерения "люкс" и "уровень шума".

- Внутренние и внешние аудиты IMS каждые 6 месяцев.

- Все филиалы подвергаются внутреннему аудиту ИСУ не реже одного раза в год.

- Каждые шесть месяцев все отделы и департаменты посещаются в ходе внутренних и внешних аудитов.

- Обзоры менеджмента два раза в год.

- Сокращение потребления бумаги (переработанная бумага, двусторонняя печать, электронные отчеты).

- Снижение энергопотребления (энергосберегающие лампы, выключатели, датчики движения, регуляторы переменного тока).

- Сокращение потребления воды.

- Политика управления отходами и соглашение с внешними поставщиками об экологически безопасной утилизации бумаги, пластика, олова, стекла; тонеры для электронных отходов, компьютерное оборудование, копировальные аппараты, факсы.

- Чрезвычайные ситуации (пожар, медицина и захват заложников) и учебные тренировки по выявленным чрезвычайным ситуациям.

• Обученные пожарные надзиратели и специалисты по оказанию первой помощи.

• ISO 22301 (Управление непрерывностью бизнеса)

• ISO 50001 (Система энергетического менеджмента)

• Награды за достижения в бизнесе в ОАЭ; DQA, SKEA, MRM Business Award, региональные и международные награды, такие как EFQM Award.

• Отчетность в области устойчивого развития (GRI 3.1 - GRI 4) (Anjum, 2013).

•

Основные достижения

• БСООН вошел в список World Finance 100 за 2011 год.

• Первый коммерческий банк в мире, получивший сертификат Lloyd's Register Quality.

• Assurance (LRQA) Ltd. в IMS по 3 стандартам, ISO 9001, ISO 14001 и OHSAS 18001 для банка и его операций в филиалах.

• Входит в Топ-2 по уровню обслуживания клиентов, согласно результатам бенчмаркинговых исследований удовлетворенности клиентов, проводимых известными внешними агентствами по исследованию рынка.

• Система управления жалобами БСООН сертифицирована по стандартам ISO 10002.

• БСООН выиграл золотую категорию премии Sheikh Khalifa Excellence Award (SKEA) за 2nd цикла подряд (2009) (Anjum, 2013).

Ключевая устойчивость Баллы	Вопросы
Забота о клиенте	• Высококачественное обслуживание клиентов и доставка • Передовые продукты и услуги
Забота о Сотрудники	• Разнообразие и эмиратизация • Назначение, удовлетворенность, обучение и рост сотрудников
Забота об обществе и деловых партнерах	• Планируйте общественное предприятие • Социальное присутствие и финансовые знания • Тактические бизнес-партнеры и прочные отношения
Забота о Окружающая среда	• Компетентные операции • Защита окружающей среды с помощью ответственного банковского дела • Реестры рисков для всех подразделений
Уход aboı Акционеры	j - Сильная финансовая презентация и возврат средств инвесторам - Строгий контроль над управлением рисками, соблюдение требований, четкость и подотчетность

(Анжум, 2013)

Ключевая устойчивость Баллы	UNB Viewpoint	2012 Обеспечение
Забота о Клиенты	UNB предлагает высококачественные услуги и заботу для всех своих настоящих и будущих клиентов. Он предоставляет креативные и долгосрочные перспективные продукты / услуги, расширяя свою клиентскую базу в настоящем и будущем сегментах.	Оценить все розничные продукты, чтобы определить перспективы вклю чения в ассортимент. ценности. Взаимодействие с корпоративными клиентами для поддержания долгосрочных результатов и итогов.

(Анжум, 2013)

Интегрированные системы менеджмента - UNB является первым коммерческим банком в мире, сертифицированным по интегрированной системе менеджмента (IMS), включающей стандарты ISO9001, ISO14001 и OHSAS18001. Благодаря устойчивому развитию банк планирует контролировать свои системы для повышения эффективности работы, что дает ему конкурентные преимущества в соответствии с потребностями и чаяниями его инвесторов (Union National Bank , 2011).

Лидерство - устойчивость и общественный контроль для повышения потенциала и четкости исполнения.

Инновации - работа с инвесторами, чтобы показать, что UNB заботится о них, развивая продукты / услуги для финансового роста, заботясь при этом об экологическом и социальном благополучии. Банк поддерживает устойчивое развитие в своей цепочке создания стоимости и в своей работе, предоставляя людям возможность обновлять устойчивые продукты для текущих процессов. Банк ориентируется на своих клиентов как на ключевых инвесторов, удовлетворяя их потребности, вовлекая их в рост и размещение новых продуктов / услуг, включающих финансовые выгоды с экологическими и социальными преимуществами. Банк имеет более 200 000 розничных клиентов, которые обслуживаются в его сети, состоящей из нескольких объектов. Примерно 37 % клиентов банка поддерживают с ним отношения в течение 5 лет (Union National Bank, 2011).

Продукты и услуги - UNB предоставляет разнообразные продукты/услуги, удовлетворяя потребности как обычных, так и корпоративных клиентов. Он занимается: розничным, корпоративным, малым и средним бизнесом, недвижимостью, исламским и частным банковским обслуживанием для состоятельных клиентов, предоставляя традиционные и соответствующие Шариату продукты / услуги. При разработке продуктов/услуг креативность и инновации принимаются во внимание как техника роста продукта. Обратная связь учитывается как с внутренними, так и с внешними партнерами для создания, разработки и предложения уникальных продуктов/услуг, отвечающих потребностям клиентов. Банк проводит ряд опросов через отдел исследований и развития бизнеса, который работает в координации с командой по разработке продуктов, чтобы получить обратную связь от клиентов. Например, SMART

Счет - это изысканный счет, который решает проблему неожиданной потери работы. Он дает клиенту возможность выбрать страховую выплату в размере 50 000 дирхамов в месяц в течение 12 месяцев. Клиент также имеет право на страховое покрытие в размере 200 000 дирхамов в случае смерти (Union National Bank, 2011)

Инструмент контроля качества в UNB - гистограммы

Банк (UNB) использует гистограммы для принятия важных решений.

Создание гистограммы

1. Подсчитать количество точек данных

-160	30	190	380	330	140	160	270	10	-90
10	30	80	230	80	120	10	50	250	180
-130	270	170	130	-60	-80	180	100	110	260
260	190	-100	160	210	140	-130	130	150	370
160	180	240	360	-20	-80	30	80	240	130
210	40	70	-70	260	360	120	-60	-30	290
50	20	30	280	410	70	-10	20	-130	170
140	270	-40	290	90	160	-30	340	20	-80
210	130	350	250	-20	230	180	130	-30	210
-30	80	270	320	30	240	120	100	20	70
300	260	20	40	-20	250	310	40	200	190
110	-30	50	240	180	50	130	200	280	60
260	70	100	140	80	190	100	270	140	80
110	130	120	30	70					

TOTAL = 135

2. Подведите итоги на листе подсчета

DATA	TALLY	DATA	TALLY	DATA	TALLY	DATA	TALLY	DATA	TALLY
-160	1	-20	3	90	2	190	4	290	1
-130	2	-10	2	100	5	200	4	300	1
-100	1	10	2	110	3	210	4	310	1
-90	1	20	5	120	4	220	2	320	1
-80	2	30	6	130	6	230	2	330	1
-70	1	40	3	140	5	240	4	340	1
-60	1	50	4	150	2	250	2	350	1
-50	1	60	2	160	2	260	4	360	1
-40	1	70	5	170	2	270	3	370	1
-30	5	80	5	180	6	280	2	380	1
								410	1

3. Вычислите диапазон
4. Определите количество интервалов
5. Вычислите ширину интервала
6. Определите начальные точки интервалов

7. Подсчитайте количество точек в каждом интервале

INTERVAL NUMBER	STARTING VALUE	INTERVAL WIDTH	ENDING VALUE	NUMBER OF COUNTS
1	180	60	-120	3
2	-120	60	-060	5
3	-060	60	000	13
4	000	60	060	20
5	060	60	120	22
6	120	60	180	24
7	180	60	240	20
8	240	60	300	18
9	300	60	360	8
10	360	60	420	4

Equal to or greater than the STARTING VALUE — But less than the ENDING VALUE

8. Нанесите данные на график

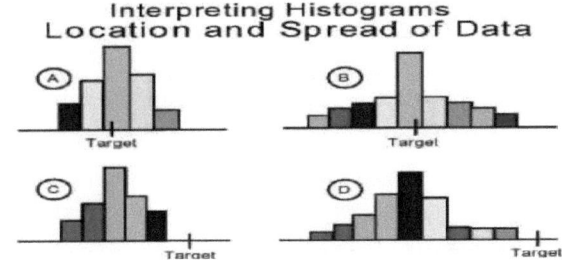

9.

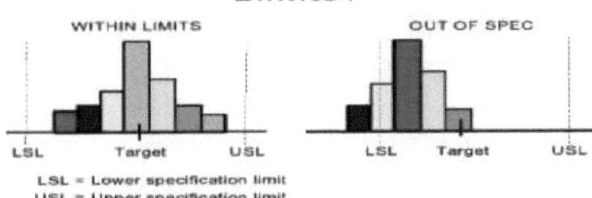

(7 инструментов качества, 2015)

В Банке работает специальное подразделение по работе с клиентами и отдел исследований и бизнеса. Отдел развития, который регулярно проводит исследования удовлетворенности клиентов и отслеживает их отзывы с помощью различных инструментов, например, опросов "тайный покупатель".

Забота о клиентах и их удовлетворенность

Для формирования, сохранения и расширения отношений с клиентами и знаний о них регулярно проводятся независимые исследования удовлетворенности клиентов по каждой бизнес-группе БСООН. Например, в 2011 году процент удовлетворенности клиентов банка составил 87 % среди розничных клиентов и 82 % среди корпоративных клиентов.

	2009	2010	2011
Retail Banking customer satisfaction	85%	88%	87%
Corporate banking customer satisfaction	81%	79%	82%

Отдел по работе с клиентами UNB предлагает клиентам различные способы высказать свое мнение или задать вопрос, используя специальные телефоны и адреса электронной почты. Он также поощряет клиентов высказывать свое мнение с помощью форм обратной связи "Точка зрения", имеющихся во всех филиалах. Все полученные жалобы расследуются с целью выявления основной причины для принятия корректирующих и предупреждающих мер. Обязательные отчеты регулярно представляются соответствующим руководителям, и на их основе разрабатываются планы действий по устранению недостатков в установленные сроки. Процесс разрешения жалоб является эксклюзивным, поскольку по всем разрешенным жалобам проводится суверенное одобрение. В случае если клиент не полностью удовлетворен ответом, дело повторно передается на рассмотрение. Система управления жалобами БСООН сертифицирована по стандартам ISO10002. Кроме того, у него есть план обеспечения непрерывности бизнеса (ПНБ) и сайт аварийного восстановления. Ежегодно проводится тестирование ППГ на площадке ППГ, чтобы убедиться, что признанные критически важные виды деятельности могут осуществляться, а клиенты обслуживаться без каких-либо инцидентов из нетрадиционного места в случае недоступности основного помещения (Union National Bank , 2011).

Заинтересо ванные стороны	Заинтересован ные стороны Требуется	Метод Помолвка	Как UNB заботится
БСООН Клиенты	Передовые продукты и услуги	Опросы и исследования удовлетворенности клиентов	Отличное обслуживание клиентов
	Замещающие и адаптируемые банковские каналы	Посещения тайного покупателя	Отчеты о результатах опроса клиентов и их удовлетворенности используются для тактического и бизнес планирования
	Высокое качество обслуживания	Расширение сети отделений и банкоматов	Регулярные встречи руководства БСООН с клиентами
	Упрощенный доступ к проектным, корпоративным и персональным	Круглосуточный колл-центр, веб-сайт, электронная почта, факс и личное присутствие.	Посещения тайного покупателя
	кредитам	Встречи руководства и клиентов БСООН	Продукты/услуги, соответствующие требованиям Шариата

(Union National Bank, 2011)

Заключение

В конкурентной отрасли ошибочно стоять на месте и давать конкурентам возможность обогнать вашу организацию. Поэтому качество - это путешествие, а не цель. Это непрерывный и бесконечный процесс. Использование стандарта ISO 9001:2000 и наличие Хартии обслуживания клиентов как части стандартной деловой практики - идеальный способ доказать клиентам, что организация ценит своих клиентов и стремится предоставить лучший продукт/услугу из возможных.

Национальный банк "Юнион" стремится к увеличению своей клиентской базы, для чего формирует, сохраняет и расширяет свои отношения и знания о клиентах, регулярно проводя независимые исследования удовлетворенности клиентов по каждой бизнес-группе UNB.

Банк имеет специальное подразделение по работе с клиентами и Отдел исследований и развития бизнеса, который регулярно проводит опросы удовлетворенности клиентов и отслеживает отзывы клиентов с помощью различных инструментов, таких как опросы "тайный покупатель". Отдел по работе с клиентами предлагает клиентам различные способы высказать свое мнение или задать вопрос, используя специальные телефоны и адреса электронной почты. Кроме того, клиентам предлагается высказать свое мнение с помощью форм обратной связи "Точка зрения", доступных во всех отделениях. Все полученные жалобы расследуются с целью выяснения основной причины для принятия корректирующих и предупреждающих мер. Система управления жалобами БСООН сертифицирована по стандартам ISO10002.

Ссылки

7 Инструменты качества. (2015). *7 инструментов качества.* Получено с сайта http://www3.ha.org.hk/qeh/wiser/doc/7bqt.pdf.

Абахе. (n.d.). *Системы управления качеством: Глава 14* . Получено с сайта http://www.abahe.co.uk/business-administration/Quality- Management-Systems.pdf

Анжум, Т. (2013). *Внедрение интегрированной системы управления для достижения совершенства в бизнесе.* По материалам конференции Share Best Practice Conference & Exhibition 2013.

Паркер, Дж. Р. (n.d.). *Качество и деловые практики.* Получено с сайта https://www.fig.net/pub/proceedings/korea/full-papers/pdf/session12/parker.pdf.

SKEA. (2014). *SKEA: сектора.* Извлечено из Sheikh Khalifa Excellence Award:

http://www.skea.ae/English/AboutAward/Pages/Sectors.aspx

SKEA. (2015). *Критерии - результаты клиентов.* Извлечено из Sheikh KhalifaExcellenceAward :

http://www.skea.ae/English/Criteria/Pages/Customer-Results.aspx

SKEA. (2015). *Критерии - Ключевые результаты деятельности.* Извлечено из Sheikh

KhalifaExcellenceAward :

http://www.skea.ae/English/Criteria/Pages/Key-Performance-Results.aspx

SKEA. (2015). *Критерии - Партнерские отношения.* Извлечено из сайта Sheikh Khalifa ExcellenceAward : http://www.skea.ae/English/Criteria/Pages/Partnerships.aspx

SKEA. (2015). *Критерии - Люди.* Извлечено из Sheikh Khalifa ExcellenceAward : http://www.skea.ae/English/Criteria/Pages/People.aspx

SKEA. (2015). *Критерии - Люди Результаты.* Извлечено из Sheikh Khalifa ExcellenceAward : http://www.skea.ae/English/Criteria/Pages/People-Results.aspx

SKEA. (2015). *Критерии - Процессы.* Извлечено из сайта Sheikh Khalifa ExcellenceAward : http://www.skea.ae/English/Criteria/Pages/Processes.aspx

SKEA. (2015). *Критерии - результаты по обществу.* Извлечено из сайта Шейх Халифа ExcellenceAward : http://www.skea.ae/English/Criteria/Pages/Society-Results.aspx

SKEA. (2015). *Критерии - Стратегия.* Извлечено из Sheikh Khalifa ExcellenceAward : http://www.skea.ae/English/Criteria/Pages/Strategy.aspx

SKEA. (2015). *Критерии: Лидерство.* Извлечено из Sheikh Khalifa ExcellenceAward : http://www.skea.ae/English/Criteria/Pages/Leadership.aspx

SKEA. (2015). *SKEA: критерии.* Извлечено из сайта Sheikh Khalifa Excellence

Награда:

http://www.skea.ae/English/Criteria/Pages/Default.aspx

SKEA. (2015). *SKEA: как подать заявку.* Получено с сайта Sheikh Khalifa Excellence Award: http://www.skea.ae/English/The-Award- Office/Pages/How-to-Apply.aspx.

SKEA. (2015). *SKEA: введение.* Извлечено из Sheikh Khalifa ExcellenceAward : http://www.skea.ae/English/AboutAward/Pages/Introduction.a spx

SKEA. (2015). *SKEA: видение и миссия.* Извлечено из Sheikh Khalifa ExcellenceAward : http://www.skea.ae/English/AboutAward/Pages/VisionAndMiss ion.aspx

Стокхофф, Б. (2010). ГЛАВА 18 - Основные инструменты для проектирования, контроля и улучшения работы. В книге J. Juran, *Juran's Quality Handbook: The Complete Guide to Performance Excellence.* New York: McGraw-Hill Professional.

Юнион Нэшнл Бэнк (2011). *Отчет об устойчивом развитии Национального банка "Юнион" за 2011 год* . Retrievedfrom http://www.unb.co.ae/English/SustainRpt2011.pdf